Gina Goes to Galveston

Gina se va a Galveston

Dr. Buck Willis

Gina Goes to Galveston
Gina se va a Galveston

First Edition: 2021

ISBN: 9781524316587
ISBN eBook: 9781524316044

© of the text:
  Dr. Buck Willis
  www.DrBuckWillis.com

© of the translation:
  Stephanie Judd

© Layout, design and production of this edition:
  2021 EBL Books

All rights reserved. No part of this publication may be reproduced, distributed, or transmitted in any form or by any means, including photocopying, recording, or other electronic or mechanical methods, without the prior written permission of the Publisher.

Dedicated to my loving family,
God who gives us all unconditional love,
and Gina, who always has kisses!

Hi, my name is Gina
and I'm a Great Dane puppy
who is full of kisses!
Have you ever been kissed by a puppy
or kissed one yourself?

(Giggle ~ squiggle)

¡Hola, mi nombre es Gina
y soy un cachorro de Gran Danés
lleno de besos!
¿Alguna vez has besado un cachorro
o has sido besado por alguno?

(Risitas – cosquilleo)

Now it is play time
with Mommy and my brothers and sisters.
Are you a brother or sister and
can you play with us?

Hop ~ jump ~ run = FUN!

Ahora, es tiempo de jugar
con mi mami, mis hermanos y hermanas.
¿Eres un hermano o hermana?
¿Puedes jugar con nosotros?

Brincar ~ Saltar ~ Correr = ¡Divertirse!

I just met my new best friend, Doc.
He loves my big kisses and I will kiss him
a million times ... Today!

Acabo de conocer a mi nuevo mejor amigo, Doc.
A él le encantan mis besos grandes y le besaré
un millón de veces... ¡Hoy!

Doc was so much fun
and I wanted to play with him forever.
He left and I'm kind of sad.
He said he'd "be right back"
but that was two bones ago.

Doc era tan divertido
y yo quería jugar con él para siempre.
Él se fue y estoy un poco triste.
Dijo que "volvería enseguida"
pero eso fue hace dos huesos.

My new best friend is back!
I promise I'll never chew up anything ...
except my sisters of course.

Doc and I will be together forever!
He said we're going to Galveston beach.
Do you know who Galveston is and beach?

¡Mi nuevo mejor amigo ha vuelto!
Prometo que nunca le morderé nada...
excepto a mis hermanas. ¡Claro!

¡Doc y yo estaremos juntos para siempre!
Él me dice que vamos a la playa de Galveston.
¿Quién es Galveston y quién es playa?

We stopped after a long nap
and he let me jump out of the SUV.
It ... feels ... like ... I ... am ... walking ... on sugar.
But it smells like fish!

Nos detuvimos después de una larga siesta
y me dejó saltar del todo terreno.
Siento como... si estuviera andando... sobre... azúcar.
¡Pero huele como a pescado!

Look at that big, BIG Pond!
The water and sugar are everywhere?

¡Mira ese gran, GRAN estanque!
¿El agua y el azúcar están por todas partes?

That means
IT ... IS ... Time to RUN!

Eso significa que...
es...¡Hora de CORRER!

Doc told me to follow him back
to all of the houses on sticks.
A Boy and a Mom came out to greet me.
He is very playful.
Could this be MY very own boy? Please?

Doc me dijo que le siguiera
hacia las casas sobre pilotes.
Un niño y su madre salieron a saludarme.
El niño es muy juguetón.
¿Podría ser este niño para MÍ? ¿Por favor?

Boy is so much fun.
All I have to do is roll over and he rubs my tummy.
What does it mean that
I am "Like a magic lamp?"
Just keep rubbing me, Boy. I Love you!

Niño es muy divertido.
Lo único que tengo que hacer es
darme la vuelta y él me frota la barriga.
¿Qué significa eso de qué soy,
"como una lámpara mágica"?
Sigue frotándome la barriga, Chico. ¡Te Quiero!

Now Mom gave me a bed and a toy.
I'm happy but my eye lids are getting so heavy.
I'll just take a practice nap, then we'll play.

Ahora Mamá me ha dado una cama y un juguete.
Estoy feliz pero mis párpados me pesan mucho.
Me echaré una siesta y luego jugaremos.

The Sun is always warm on the porch
and I can always stretch out here.
No baby sisters jumping on me now.
I love my new family!

El sol es siempre cálido en el porche
y aquí siempre puedo estirarme.
Ya no tengo hermanitas saltando sobre mí.

¡Me encanta mi nueva familia!

Doc gave me another toy and a big bone.
I'm chewing them up as fast as I can ...
since he said it was ok.

Doc me ha dado otro juguete y un gran hueso.
Los estoy masticando tan rápido como puedo...
ya que me dijo que podía hacerlo.

Doc, did I mention that while you were gone,
I went into the small bathroom
to drink from the big bowl?
Then I met "Mr. TP." He was so much fun
that we played all over the house!
Whee!

Doc, ¿mencioné que mientras estabas fuera,
entré en el baño pequeño
a beber del tazón grande?
Fue entonces cuando conocí a "Sr. Papel Higiénico".
¡Fue tan divertido
que jugamos por toda la casa!
¡Whee!

Doc just came home and he started laughing so hard
that water was coming out of his eyes!
Kisses for you Doc!
You said to take Boy walking while you cleaned up.

¡Doc acababa de llegar a casa
y comenzó a reírse tanto
que le salía agua de sus ojos!
¡Besos para ti, Doc!
Dijiste que sacara a Chico a pasear
mientras limpiabas.

Boy is a nice walker
and pets me with each step!

¡Chico es un buen paseador
y me acaricia con cada paso!

After we got home,
Doc wanted to give me a Chip Kiss!
He holds a little potato chip between his lips.
Then I lean forward and he gently
drops it into my mouth.
Doc is so very gentle but he giggles
that my whiskers tickle his lips! Hee Hee!

¡Después de llegar a casa, Doc
quiso darme una chuchería!

El sostiene una pequeña patata frita entre sus labios.
Luego me inclino hacia adelante
y él lo deja caer suavemente en mi boca.
Doc es muy delicada, pero se ríe
porque mis bigotes le hacen cosquillas
en sus labios. ¡Je Je!

Doc is home now and said he wants
some love while he puts his feet up.
He says I'm now 135 lbs. of kisses?

Doc está en casa ahora y dice
que quiere un poco de cariño
mientras pone sus pies en alto.
Él dice que ahora ¿soy 62 kg de besos?

Let's watch TV and I will take a nap.

Now it is sunrise and we can play on
before anyone else wakes up!

Veamos la tele y me echaré una siesta.
¡Está amaneciendo y podemos seguir jugando
antes de que los demás se despierten!

Mr. Pelican is so beautiful
and he is used to me as long as
I don't run towards him.
He's a nice neighbor.
Are you a nice neighbor?

Sr. Pelicano es tan guapo
y está acostumbrado a mí
siempre que no vaya corriendo hacia él.
Él es un buen vecino.
¿Eres tú un buen vecino?

We came back and Boy
gave me his very favorite soccer ball; thanks!

But why is everyone crying?

Regresamos y Chico me dio
su balón de fútbol favorito. ¡Gracias!

Pero, ¿Por qué está todo el mundo llorando?

When Doc and I came back,
the Boy's room was empty.
I felt sad that Mom and Boy were leaving
without me, but Doc said I'm his girl.

Cuando Doc y yo regresamos,
la habitación de Chico estaba vacía.
Me sentí triste porque Mamá y Chico
se marcharon sin mí,
pero Doc me dijo que soy su chica.

Doc also seems tired
so I will show him how to nap!

¡Doc también parece cansado,
así que le enseñaré como echarse la siesta!

Good morning. Pond, I mean Ocean!
I love you! It is fun when only Doc
and I are walking on the beach.
I miss Mom and Boy
but I know they love me on another beach.
Doc said we'll have a new friend over today.

Buenos días. Estanque, ¡O sea, Océano!¡Te quiero!
Es divertido cuando Doc y yo
caminamos solos por la playa.
Echo de menos a Mamá y Chico,
pero sé que ellos me quieren desde otra playa.
Doc dice que hoy vendrá una nueva amiga.

She is the cutest puppy ... E V E R!

¡Ella es la cachorrita más linda que he visto...NUNCA JAMÁS!

Doc says she is Brandi!
Brandi, I'm happy now
and I'll cover you
with a thousand sweet kisses!

¡Doc dice que ella es Brandi!
¡Brandi, ahora soy feliz
y voy a llenarte de miles de dulces besos!

Hee hee! She even likes slobber on her head.
Doc said you are my Sister,
my very own sister, Forever!

¡Je Je! A ella le gusta incluso mi baba en su cabeza.
Doc dice que ella es mi Hermana,
¡mi propia hermana para Siempre!

Doc kissed you too so we are family!

¡Doc también te da besos, así que somos una familia!

I will share my couch with you.
We can watch cartoons together.
I love those words now ...
"We" and I really really like "Together!"

Compartiré mi sofá contigo.
Podemos ver dibujos animados juntos.
Ahora me encantan las palabras...
"nosotros" pero "¡juntos!" es la que más me gusta.

We can play in the yard together
and if we don't go to the park ...

Podemos jugar en el patio juntos
y si no vamos al parque...

You can be the Princess in the park
or we can play Tug-of-war together.

Tú puedes ser la Princesa en el parque,
o podemos jugar a tirar de la cuerda juntos.

We can sleep together ...
But sometimes I need to nap alone.

Podemos dormir juntos...
pero a veces necesito echar la siesta sola.

We can even be together when we go
to the Vet's office and they love kisses, too.
(I leaned on my Dr. K from the first meeting.
He's a Dane!)

Incluso podemos estar juntos
cuando vamos a la consulta del veterinario
y a ellos también les encantan los besos
(Me apoyé en mi Dr. K desde la primera visita.
¡Es un Danés!)

Because you are my sister forever,
I now have new relatives too!
You have a grandmother
and now I have Gramsi too!

¡Porque tú eres mi hermana para siempre,
ahora tengo nuevos parientes también!
¡Tú tienes una abuela
y ahora yo tengo a Abueli también!

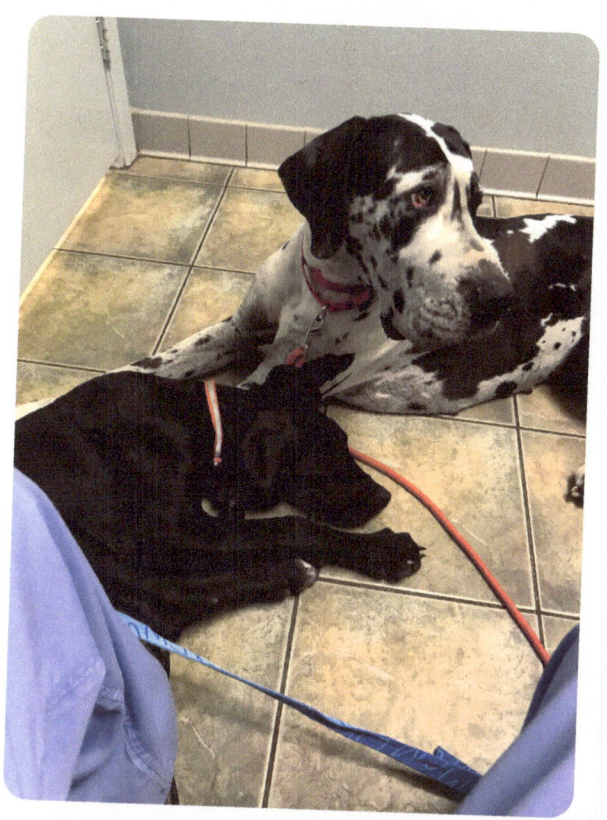

Because you are my sister forever,
I now have new relatives too!
You have a grandmother
and now I have Gramsi too!

¡Porque tú eres mi hermana para siempre,
ahora tengo nuevos parientes también!
¡Tú tienes una abuela
y ahora yo tengo a Abueli también!

Look at your brother.
He is a big strong boy.
And did he eat the whole tree?
Maybe I should eat my own tree?

Mira a tú hermano.
Es un chico grande y fuerte.
¿Se ha comido todo el árbol?
¿Quizás yo debería comerme mi propio árbol?

When the hurricane came,
we 'vacuated to Austin and got to run
with lots of friends!
Doc said "Stay hydrated!"

Cuando llegó el huracán,
nos trasladaron a Austin y allí pudimos correr
con muchos amigos.
Doc nos dijo, "Manteneos hidratados!"

I love my Brandi who is my sister,
and we are together ... together forever!

Amo a mi Brandi, que es mi hermana,
y estamos juntos... ¡Juntos para siempre!

See Dr. Willis' other books:

Busca los otros libros de Dr. Willis:

Food is the Cure ... for the Overweight Disease

Rightsize Weight loss

and

Effective Orthopedic Rehab

If you ever see an airplane
with **Matt 19:26** on the wing,
you'll know it's Doc on the stick,
all thanks to God!

Si alguna vez Vds. ven un avión
con **Mateo 19:26** en el ala,
sabrán que es Doc piloteando,
¡todo gracias a Dios!

About the author

After surviving what should have been
a fatal plane crash, Doc Willis went on to earn
several degrees including medical training
in the British Commonwealth and PhD in kinesiology.
He is a board-certified holistic physician
and an accredited scientist.
But mostly he is Gina's loving Daddy!

Sobre el autor

Tras sobrevivir un accidente de avión
que debería haber sido fatal,
Doc Willis consiguió lograr varios diplomas
como formación médica en la mancomunidad
británica y un doctorado en kinesiología.
Es médico holístico certificado por el consejo.
Pero más que nada, ¡es el padre cariñoso de Gina!

"This is a very fun book that kids will enjoy!"

Patch Adams, MD
www.PatchAdams.org

"¡Este es un libro muy divertido
que los niños disfrutarán!"

Patch Adams, MD
www.PatchAdams.org

"I think kids will find it easy to understand
and it will probably help them read faster"

Ronke Arogundade, LNP

"Creo que a los niños les resultará fácil de entender
y probablemente les ayudará a leer más rápido"

Ronke Arogundade, LNP

10% of the proceeds from this book
go to the Shriners Children's Hospitals
and Pediatric Clinical Research.

10% de las ganancias de este libro irán
destinadas a los Hospitales Infantiles Shriners
e Investigación Clínica Pediátrica.

http://www.docwillis.org/

www.ingramcontent.com/pod-product-compliance
Lightning Source LLC
Chambersburg PA
CBHW041220070526
44584CB00001B/26